SOUVENIRS

DE

L'EXPÉDITION D'ANCONE

1832

Extrait de la Revue Contemporaine
(Livraison du 15 mai 1859)

SOUVENIRS

DE

L'EXPÉDITION D'ANCONE

1832

PAR

LE VICOMTE REDON DE BEAUPREAU

———◦———

PARIS

AUX BUREAUX DE LA *REVUE CONTEMPORAINE*

Rue Mazarine, 9

—

1859

SOUVENIRS

DE

L'EXPÉDITION D'ANCONE

1832

I

Le contre-coup de la révolution qui s'était accomplie en France dans l'année 1830 ne s'était pas fait longtemps attendre en Italie. Dès le commencement de février 1831, à quelques jours d'intervalle, l'insurrection éclatait à Modène, à Parme et à Bologne. Dans cette dernière ville, qui devint le centre du mouvement et le siége du gouvernement provisoire italien, le pouvoir pontifical fut renversé le 4 février, au moment où la nouvelle de l'exaltation d'un nouveau pape y parvenait à peine. Le 2 du même mois, le cardinal Capellari, moine camaldule, avait été élu, sous le nom de Grégoire XVI, et il n'est peut-être pas sans intérêt, pour ce qui va suivre, de remarquer, en passant, qu'il était choisi surtout en raison de sa popularité et en opposition au parti autrichien dans le conclave.

La révolution prit feu, comme une traînée de poudre, dans les Légations et dans les Marches, de Bologne à Ancône, et triompha partout, sans coup férir. Elle ne rencontra pas même de résistance à Ferrare, occupée par les Autrichiens, en vertu de l'acte du 9 juin 1815 et du traité du 10 juin 1817. Ils se contentèrent de se renfermer dans la citadelle. En quatre jours, le pouvoir du pape avait cessé d'exister au nord de l'Apennin, et, si l'insurrection ne franchit pas cette limite, c'est qu'à Rome, à cette époque encore, le trône pontifical était protégé par la piété et l'affection du bas peuple.

Après de tels événements, l'intervention de l'Autriche était inévitable. Menacée elle-même par l'insurrection, dont les manifestes appelaient ouvertement la Lombardie aux armes, sollicitée d'ailleurs par les princes dépossédés, elle franchit le Pô, dans les premiers jours de mars.

Ce fait était une grave atteinte au principe de la non-intervention que la monarchie de Juillet avait proclamé dès les premiers moments de son existence. A une date plus récente, ainsi qu'il fut suffisamment établi par les discours échangés, le 18 mars 1831, entre le général La Fayette et le général Sébastiani, ministre des affaires étrangères, celui-ci avait déclaré, dans une dépêche officielle, « que le gouvernement français ne consentirait jamais à l'entrée des Autrichiens dans les pays actuellement insurgés de l'Italie. » Cependant le cabinet des Tuileries ne fit pas alors obstacle à la marche des troupes impériales, à la seule condition que l'occupation serait temporaire.

Tandis qu'une division autrichienne se dirigeait sur Parme et sur Modène, le baron Frimont, a la tête d'environ 20,000 hommes, se portait sur Bologne.

Après le combat de Novi, qui eut lieu le 5 mars, et dans lequel les insurgés modénais furent mis en pleine déroute, les gouvernements de Modène et de Parme furent restaurés. De son côté, le général Frimont rétablissait le pouvoir pontifical à Ferrare et entrait le 21 à Bologne, sans y rencontrer de résistance. Toutes les villes insurgées des Légations furent rapidement reprises sans combat, à part Rimini et la Cattolica, où les patriotes firent des pertes sérieuses. Enfin, le gouvernement provisoire italien, cerné dans Ancône, son dernier refuge, signa une convention avec le cardinal Benvenuto, qui y était retenu comme ôtage, après avoir été enlevé de sa résidence à Osimo, au début de l'insurrection. Le gouvernement provisoire publiait en même temps un manifeste, dont nous citerons ce passage, qui était à l'adresse du gouvernement français : « Un principe proclamé par une grande nation, qui avait solennellement promis de ne pas permettre qu'il fût violé par aucune puissance européenne, et la déclaration de garantie donnée par un ministre de cette nation, nous ont déterminés à seconder le mouvement du peuple dans ces provinces...., mais la violation de ce principe, consentie par la nation qui l'avait promulgué et garanti ; l'impossibilité de résister à une grande puissance qui avait déjà occupé une partie de nos provinces avec ses troupes, et notre désir d'éviter le désordre et une inutile effusion de sang, sont les motifs qui nous ont décidés, dans la vue du salut public, loi suprême de tout Etat, à traiter avec Son Eminence le très révérend cardinal Gian Antonio Benvenuto, légat *à latere* de Sa Sainteté Grégoire XVI, et à remettre entre ses mains le gouvernement de ces provinces, ce qui a été accepté aux conditions suivantes. » Ces conditions portaient qu'aucun insurgé ne serait molesté dans sa personne ou ses propriétés, pour sa conduite antérieure ; que ceux qui voudraient quitter les Etats du pape obtiendraient des passe-ports, s'ils les demandaient dans les quinze jours ; que ceux qui étaient employés par le gouvernement, avant la révolution, ne seraient point lésés dans leurs droits, pour s'être joints aux insurgés ; que tous les étrangers qui étaient entrés dans leurs rangs auraient la liberté de partir sans être inquiétés.

A la suite de cette convention, les Autrichiens occupèrent Ancône le 29 mars. Les principaux chefs de l'insurrection, au nombre de quatre-vingt-dix-huit, s'étaient embarqués sur un bâtiment de commerce, mais il fut capturé par une corvette de guerre autrichienne et conduit à Venise, où les fugitifs furent incarcérés.

Le pape refusa de ratifier la convention conclue par le cardinal Benvenuto qui, en raison de sa position au moment de la signature, fut considéré comme ayant agi par contrainte. Néanmoins, il faut reconnaître qu'à cette époque la répression fut loin d'être rigoureuse. On ne rechercha que les signataires de l'acte qui avait déclaré abolie la puissance temporelle des papes, ceux qui furent considérés comme ayant violé leur serment militaire, en s'enrôlant dans les gardes civiques, et les auteurs d'écrits irréligieux ou séditieux, spécialement dans les journaux des provinces insurgées. Une amnistie complète fut accordée à tous ceux qui n'étaient pas compris dans ces catégories, et aucune condamnation capitale ne fut exécutée.

Le gouvernement français, se prévalant de la liberté d'action qu'il avait laissée aux Autrichiens, intervint utilement en faveur des insurgés, et put s'attribuer une part considérable dans la clémence dont Sa Sainteté usa envers ses sujets. Notre gouvernement réclamait, en même temps, avec instance, la retraite des troupes impériales, qui ne fut néanmoins consommée que le 17 juillet suivant. Vers la même époque, d'après les avis concertés des puissances représentées à Rome, et spécialement de la France, des édits pontificaux, en date des 5 juillet, 5 et 31 octobre, 4 et 5 novembre 1831, promulguaient d'importantes réformes administratives, judiciaires et politiques. Des conseils municipaux et provinciaux étaient établis pour contrôler et approuver les dépenses des communes et des provinces : les juridictions exceptionnelles étaient supprimées, les juridictions ordinaires étaient délimitées et régularisées, les laïques étaient déclarés admissibles aux fonctions judiciaires : enfin, deux tribunaux d'appel étaient créés, l'un à Bologne, pour les quatre Légations, et l'autre à Macerata, pour les Marches, afin de dispenser les habitants de ces provinces éloignées de porter leur pourvoi à Rome.

Dans un autre temps, les améliorations qui résultaient des édits de 1831, et dont nous ne pouvons mentionner ici que les plus importantes, auraient été reçues comme d'incontestables bienfaits ; et, si l'on considère les conditions d'existence de ce gouvernement exceptionnel, le caractère et les habitudes de ces populations, les circonstances dans lesquelles ces concessions étaient faites, au lendemain d'une révolution vaincue par la force, et par une force étrangère, on sera peut-être conduit à reconnaître que l'on ne pouvait alors exiger davantage. Mais les mauvaises passions et même les meilleurs esprits étaient trop surexcités par les alternatives de la lutte récente, pour que ces réformes fussent jugées avec sagesse et accueillies avec reconnaissance. C'était désormais le principe même du gouvernement ecclésiastique qui était en question, et il suffisait que ces concessions vinssent du pape pour qu'elles perdissent toute valeur dans les provinces où la révolution avait passé. Aussi, à peine les troupes autrichiennes avaient-elles évacué ces provinces, qu'on vit l'esprit insurrectionnel y relever hardiment la tête, et que l'impuissance radicale de ce gouvernement y redevint manifeste. Le rétablissement des gardes civiques dans plusieurs villes ne fit que fournir un nouvel auxiliaire à la révolution. Le drapeau tricolore italien était arboré en présence des troupes pontificales ; tout envoi d'argent à Rome était arrêté ; en un mot, l'action du gouvernement, dans les Légations et les Marches, était, en réalité, aussi nulle et son pouvoir aussi contesté qu'avant l'occupation autrichienne.

Cette situation appelait un prompt remède ; mais la rentrée immédiate des Autrichiens dans les Légations était une éventualité trop grave pour que le saint-siége ne tentât pas, cette fois, de rétablir son autorité, sans secours étranger. Après avoir, au moyen d'un emprunt onéreux et insuffisant, levé quelques milliers de soldats, dont le choix ne présentait de garantie d'aucune sorte, il se résolut à agir *manu militari*. Le cardinal Albani était investi des pouvoirs de commissaire extraordinaire pour diriger ces opérations, transmettre aux populations la volonté du Saint-Père, dissoudre et désarmer les gardes civiques, et assurer partout force et respect au gouvernement pontifical. Une note circulaire du cardinal Bernetti, secrétaire d'Etat, en date du 10 janvier 1832, informa de ces dispositions les représentants des cours d'Autriche, de France, de Prusse et de Russie, à

Rome. Dans leur réponse à cette notification, les représentants des quatre cours, s'accordant à blâmer la conduite des habitants des Légations, comme attentatoire aux droits imprescriptibles du trône, promirent au Saint-Père leur assentiment, et au besoin leur concours, pour les mesures de répression qui seraient prises par son gouvernement. Voici en quels termes s'exprimait, sur ce point, la note de M. de Sainte-Aulaire, ambassadeur de France : « S'il arrivait pourtant que, dans leur mission toute pacifique, les troupes exécutant les ordres de leur souverain rencontrassent une résistance coupable, et que quelques factieux osassent commencer une guerre civile aussi insensée dans son but que fatale dans ses résultats, le soussigné ne fait nulle difficulté de déclarer que ces hommes seraient considérés comme les plus dangereux ennemis de la paix générale par le gouvernement français, qui, toujours fidèle à sa politique tant de fois proclamée, sur l'indépendance et l'intégrité des Etats du saint-siége, emploierait, au besoin, tous ses moyens pour les assurer. La bonne intelligence qui existe entre le gouvernement du roi et ceux de ses augustes alliés assure l'accomplissement des vœux que le soussigné prie Son Excellence de porter aux pieds de Sa Sainteté. »

Aux accusations et aux menaces du gouvernement pontifical et de la diplomatie, le général Paluzzi, commandant en chef des gardes civiques de Bologne, répondit par une proclamation énergique. A l'approche des troupes pontificales, l'agitation s'accroissait du mépris et de la haine qu'elles inspiraient aux habitants ; elles passaient en effet pour avoir été recrutées dans les classes les plus abjectes de la population. Les gardes civiques de Bologne et d'autres villes marchèrent au devant d'elles et prirent position dans la plaine de Cesène, au nombre de 1,800 hommes, soutenus par trois pièces de campagne. Le 20 janvier, à la pointe du jour, les troupes du pape, fortes de 4,100 hommes d'infanterie, 600 dragons, 6 canons et 2 obusiers, rencontrèrent les insurgés. Après un combat de six heures, les gardes civiques battirent en retraite sur Forli ; elles comptaient plus de 200 hommes tués ou blessés dans les rangs. Leurs adversaires avaient, de leur côté, éprouvé des pertes assez sensibles.

Pendant ce temps, un autre corps pontifical, organisé à Ferrare, forçait le passage de la Bastia, défendu par 100 gardes civiques, et entrait, sans coup férir, dans Lugo. A la suite de ces succès, Cesène, Ravenne et Forli étaient également occupés par les troupes du saint-siége. Les excès qu'elles commirent dans ces villes, surtout dans la dernière, sont suffisamment constatés par une proclamation du commandant pontifical Barbieri et une notification du cardinal Albani, publiées le 22 janvier. Ces désordres ne justifièrent que trop le mépris et l'aversion que ces troupes rencontraient chez les habitants, dont l'exaspération n'eut plus de bornes. Aussi Bologne, sur laquelle tous les détachements de garde civique s'étaient concentrés, dans leur mouvement de retraite, semblait-elle résolue à repousser vigoureusement les troupes du saint-siége, quand l'apparition soudaine des Autrichiens devant les portes de cette ville, en affranchissant les esprits de la répulsion et de la terreur qu'inspiraient les soldats du pape, bannit toute idée de résistance à une occupation étrangère, désormais inévitable, et qui, du moins, était une garantie contre ce qui était la préoccupation du moment, les désordres que pouvait produire la présence des troupes pontificales.

Le 25 janvier, le général Radetzky adressait aux Bolonais une proclamation annonçant « que les troupes impériales et royales sous ses ordres, *d'accord avec les hautes puissances qui avaient garanti au saint-siége apostolique l'intégralité de ses Etats*, y rentraient, *à la demande de Sa Sainteté*. » Et, le 28 janvier, ces troupes, fortes de 6,000 hommes, sous les ordres du général Grabowsky, occupaient Bologne pour la seconde fois depuis moins d'une année. Elles y furent suivies par 3,000 hommes d'infanterie et 400 chevaux de l'armée pontificale, précédant le cardinal Albani, qui fit aussitôt procéder au désarmement des gardes civiques.

Chose digne de remarque, le même sentiment qui avait ouvert, pour la seconde fois, aux Autrichiens, les portes de Bologne, les faisait accueillir partout, à cette époque, avec un empressement marqué, et les villes en étaient venues à souhaiter leur présence, par haine et par crainte des soldats du pape. Cette aversion fut, encore une fois, justifiée par les désordres qu'ils causèrent à Ravenne, le 7 février, et qui coûtèrent la vie à plusieurs personnes, notamment à deux officiers pontificaux, poignardés par leurs propres soldats.

De leur côté, les Autrichiens ne négligeaient rien pour accroître l'espèce de faveur avec laquelle ils se voyaient reçus. En toute occasion, ils affectaient, dans leurs rapports avec les habitants, une modération et une tolérance excessives, dont le but et la portée ne pouvaient échapper à personne. Mais ces avances à l'opinion publique cessèrent bientôt quand le bruit d'une intervention française, se répandant en Italie, vint enlever aux Autrichiens la popularité factice et relative dont ils avaient paru jouir un instant, reporter vers un autre point de l'horizon les vœux et les espérances, et réveiller dans toute leur énergie l'esprit de nationalité et les passions politiques. C'est alors aussi qu'on vit le cardinal Albani redoubler de sévérité, suspendre l'exécution de l'édit de novembre 1831, qui avait réformé la justice criminelle, prononcer les peines les plus rigoureuses contre les délits politiques, et instituer un tribunal d'exception pour les juger.

Telle était la situation des Etats romains au commencement de l'année 1832, quand elle appela de nouveau l'attention du gouvernement français. Nous avons dit comment, au commencement de l'année précédente, il avait laissé s'accomplir sans obstacles la première occupation des Légations par les Autrichiens. Pour justifier une situation à laquelle on opposait ses déclarations officielles, le général Sébastiani s'était contenté de répondre, dans la chambre des députés : « Entre ne pas consentir et faire la guerre, il y a une grande différence. »

Cette interprétation d'un principe proclamé et d'un engagement pris en face de l'Europe, cette manière d'entendre la dignité et l'autorité de la France, n'étaient guère dans le tempérament connu de Casimir Périer, alors chef du cabinet. Mais, lorsqu'il était entré aux affaires, quelques jours avant cette discussion, le 13 mars, l'occupation autrichienne était un fait accompli depuis le 5. Il pouvait d'ailleurs ne pas se croire engagé personnellement par une déclaration faite au nom du gouvernement français, avant qu'il ne le dirigeât ni même en fît partie. Enfin, pour expliquer cette abstention, il suffirait de rappeler la date des événements : que le sol des barricades d'où la nouvelle monarchie venait de sortir n'était encore ni raffermi ni déblayé ; que l'émeute était encore en permanence ; que, quelques jours avant l'avénement du ministère du 13 mars, Saint-Germain-l'Auxerrois et l'archevêché étaient mis à sac, en présence de la garde nationale indifférente et railleuse.

Mais l'année qui s'était accomplie depuis lors avait apporté à la monarchie nouvelle plus de stabilité et de force, au dedans comme au dehors. La France commençait à rentrer en possession d'elle-même et à reprendre sa place en Europe. En conséquence, en apprenant cette seconde occupation des Légations par les Autrichiens, Casimir Périer sentit qu'il était temps d'aviser à ces interventions périodiques qui menaçaient de compromettre d'une manière si grave l'équilibre de l'Europe. Il pensa que la France ne pouvait plus, cette fois, sous peine de rompre définitivement avec toutes ses traditions, tous ses intérêts et ses sentiments, laisser l'Autriche occuper, sans contrepoids et sans contrôle, ces provinces de l'Italie centrale qu'elle convoitait depuis des siècles, et monter seule la garde près du trône pontifical. Mais l'exécution de cette pensée présentait des difficultés sérieuses. Il s'agissait, en effet, de frapper assez juste pour arrêter la réaction autrichienne, et pas assez fort pour déchaîner la révolution ni la guerre. Il ne faut pas oublier que le gouvernement de Juillet était sorti de l'émeute et n'avait été accepté que comme « la meilleure des républiques ; » qu'il ne répondait à aucun des grands instincts et des impérissables souvenirs qui passionnent les masses, et qu'il n'avait pas été acclamé par elles ; qu'en un mot, il n'avait pas une base de pouvoir assez large, d'assez profondes racines dans le pays, qu'il n'était ni assez populaire, ni assez fort pour dominer et diriger les événements qu'il aurait provoqués.

En présence d'obstacles et de périls de cet ordre, l'esprit résolu, mais sensé et pratique de Casimir Périer, ne recula ni ne s'emporta. Son grand mérite fut d'apprécier avec sangfroid et lucidité la situation sous toutes ses faces, de proportionner son action à cette mesure, puis d'agir hardiment et à propos. Après avoir pressenti l'Angleterre sur ses projets et s'être assuré de l'assentiment conditionnel du cabinet whig, il se décida à occuper à tout prix, dans les Etats romains, un point fortifié du littoral, qui fût dès lors une position militaire et un gage, qui pût devenir, le cas échéant, une tête de pont et une base pour des opérations plus étendues. Il crut qu'au lendemain du jour où il avait été relevé en France, le drapeau tricolore planté dans un coin de l'Italie valait une armée ; que, par le seul prestige des souvenirs, des craintes et des espérances attachés aux trois couleurs, la France s'interposant, à son heure, entre le pape et ses sujets, entre le pape et l'Autriche, neutraliserait du premier coup l'action de cette puissance, et, en arrêtant sa marche, servirait plus efficacement la cause de l'ordre dans les Etats romains, et de la paix en Europe, que les armées autrichiennes retranchées au cœur de la Péninsule.

D'après les mémoires que publie en ce moment M. Guizot, aussitôt que cette seconde occupation des Légations fut imminente, Casimir Périer avait chargé M. de Sainte-Aulaire de demander au pape que, si elle s'effectuait, les troupes de quelque puissance italienne, spécialement du Piémont, fussent admises sur quelque autre point des Etats romains, et un corps français dans la citadelle d'Ancône. Cette demande fut officiellement adressée au cardinal Bernetti, secrétaire d'Etat, le 31 janvier 1832, et il y fut répondu le lendemain par un refus formel. Le 9 février, Casimir Périer informait M. de Sainte-Aulaire du départ de l'expédition, à la destination d'Ancône. Le but que Casimir Périer se proposait. et les limites dans lesquelles il entendait circonscrire sa politique, en intervenant en Italie, furent nettement définis par les orateurs du gouvernement et par son chef lui-même, lors de la discussion qui eut lieu, sur les affaires étrangères, à la chambre des députés, au commencement de mars. On peut consulter avec fruit, sous ce rapport, les discours prononcés par M. Thiers le 6, par M. Casimir Périer le 7, et par M. Guizot le 8. Les idées que le premier développa, avec l'abondance et la verve qui le distinguaient dès cette époque, étaient remarquables par leur nouveauté, leur indépendance et leur portée : elles prêteraient à de curieux rapprochements avec les vues qui ont été récemment exprimées sur l'Italie et qui ont, à juste titre, ému l'Europe, en raison de l'origine qu'on leur a attribuée. Il déclara qu'il n'était pas bon pour la France de posséder au delà des Alpes, et qu'elle n'y devait pas songer ; que, d'autre part, *faire une Italie* était de longtemps impossible ; que Napoléon lui-même, qui l'avait tenté, y avait échoué et avait dit : « qu'il fallait des siècles, ou au moins un très grand nombre d'années, en Italie, avant de parvenir à cette maturité que comportent les institutions constitutionnelles et à cette homogénéité qui rend possible le même gouvernement. » Qu'en attendant, la France avait deux intérêts à garantir en Italie, un intérêt d'influence, un intérêt de liberté ; qu'en vue de l'un, elle devait soutenir le Piémont et lui rattacher l'Italie supérieure, soutenir le pape et lui rattacher l'Italie du Midi ; qu'en vue de l'autre intérêt, il fallait pousser aux réformes administratives et aux institutions provinciales. « Il n'y avait, ajouta-t-il, que ces deux choses à faire : notre politique à venir, si elle est ferme, devra tendre à ce but, de renforcer les principales puissances italiennes et d'y introduire des améliorations successives. »

A la même époque, dans une dépêche confidentielle adressée au comte de Sainte-Aulaire, et qui est citée dans le deuxième volume des *Mémoires* de M. Guizot, le président du conseil s'exprimait ainsi : « En occupant aujourd'hui une partie du nord de l'Italie, nous ne formons pas d'autre vœu que de pouvoir le plus tôt possible retirer nos troupes. Mais cela, nous ne voulons le faire que le jour où l'honneur de la France et sa dignité le permettront. Nous sommes entrés en Italie parce que, du moment où les Autrichiens y paraissaient, nos intérêts autant que l'amour-propre national étaient exposés ; nous ne pouvons avoir la pensée de favoriser des rébellions que nous avons toujours désapprouvées, mais nous devons faire respecter un territoire sur lequel nous ne saurions souffrir, de la part de l'Autriche, une occupation même momentanée. »

L'événement donna raison à la politique qui avait conçu l'expédition d'Ancône, et l'on peut dire que jamais résultats plus considérables ne furent obtenus par des moyens plus bornés. Il faut cependant reconnaître que le succès de l'entreprise sembla n'avoir tenu qu'à l'inspiration du moment, et à une promptitude, à une vigueur d'exécution qui dépassèrent peut-être, sinon la pensée, au moins les instructions du premier ministre.

En rappelant les faits principaux qui précédèrent l'expédition d'Ancône et les documents propres à en faire ressortir le sens et la portée, nous avons évité avec soin d'exprimer un jugement personnel sur des questions qui sont plus que jamais palpitantes, et qu'il appartient désormais à l'épée de trancher. Nous avons restreint ce précis rapide à ce qui nous a paru indispensable pour l'intelligence du récit qui va suivre, et que nous prenons, sans en changer la forme familière, dans des notes écrites à Ancône, le lendemain du débarquement. Si elles pouvaient offrir quelque intérêt, ce serait moins par l'importance des faits mêmes que par la fidélité avec laquelle elles reproduisent l'impression du moment, et par les rapprochements plus ou moins instructifs qu'elles peuvent suggérer, en reportant l'attention sur un précédent de la question italienne dont les circonstances sont peu connues.

II

Notre division navale, composée du vaisseau le *Suffren*, de 100 canons, et des frégates l'*Artémise* de 52, et la *Victoire* de 44, partit de Toulon, le 7 février 1832, sous la conduite du capitaine de vaisseau Gallois, commandant de l'*Artémise* : la division portait 1,500 hommes du 66ᵉ régiment d'infanterie de ligne, sous les ordres du colonel Combes. Après avoir longé la partie occidentale de la Corse et de la Sardaigne, le 13, nous courions entre la Sicile et les îles Lipari, archipel de volcans où l'on comprend que l'antiquité ait placé les forges de Vulcain. Le 15, à huit heures du matin, l'*Artémise* se trouvait entre Charybde et Scylla, et, après avoir appelé un pilote, pénétrait la première dans le détroit de Messine ; en dépit de la saison, un soleil splendide éclairait les monts de la Calabre et les sommets de l'Etna, étincelants de neige. La journée se passa à louvoyer entre ces lieux célèbres et charmants, consacrés par la poésie et la fable, avant de l'être par l'histoire, et où la magnificence de la nature le dispute à la magie des souvenirs. Mais tant d'aliments offerts à notre curiosité ne pouvaient la distraire d'un appât plus puissant : c'était le but encore ignoré de l'expédition, dont tous les esprits cherchaient à percer les derniers voiles.

Le capitaine de vaisseau Gallois, commandant de l'*Artémise* et chef de l'expédition, était un vétéran et un type remarquable du premier empire ; capitaine des marins de la garde, il avait su, chose difficile, faire distinguer son intrépidité au milieu de cette troupe d'élite, et l'on retrouvait dans sa personne une noble et heureuse alliance du marin et du soldat. On savait que, sous un masque glacial et des manières polies et compassées, il cachait une indomptable énergie : l'on citait de lui des traits d'une vigueur et d'une audace extraordinaires, et ce contraste exerçait sur tout ce qui l'approchait un ascendant irrésistible. Sa face de lion imposait aux plus hardis, et l'obéissance qu'il commandait avait quelque chose d'électrique. Il était d'ailleurs homme d'esprit et de bonne compagnie : ayant ouvert, en entrant dans le détroit de Messine, le pli qui devait lui révéler le but de notre voyage, possédant seul dès lors le mot de l'énigme, il devenait le point de mire de la curiosité générale, et, dans le désœuvrement d'une longue traversée, il y a toujours, sur ce fait,

Bon nombre d'hommes qui sont femmes.

Le commandant s'amusait à irriter cette curiosité, à provoquer les conjectures et à les dérouter par un mot, par un sourire.

Cependant nous sommes sortis du détroit, nous doublons le cap Spartivento, la pointe orientale de la Calabre : plus de doute ; nous débouquons dans l'Adriatique : *Italiam ! Italiam !* Nous allons en Italie ; nous allons y planter le drapeau de la France. Mais, pour donner le change sur notre passage, nous arborons d'abord le pavillon américain, et, ainsi déguisés, poussés par une brise faible mais constante, nous avançons dans le golfe : chaque jour les loisirs que cette sérénité du temps fait aux marins sont remplis par l'exercice du canon et de la mousqueterie ; tout annonce une expédition de guerre, et chacun accueille cet espoir avec transport. Enfin, après sept jours d'une navigation facile, mais trop lente au gré de notre impatience, le 21, nous voyons blanchir à l'horizon le môle d'Ancône, surmonté de son arc de triomphe. Un petit navire de guerre portant le pavillon pontifical est sorti du port et louvoie pour nous reconnaître : un signal de l'*Artémise* l'appelle, il vient à poupe, et l'officier papalin communique avec notre commandant ; notre déguisement n'est plus dès lors possible. Le pavillon américain s'abaisse et les couleurs nationales montent à la fois à la corne des trois navires : la France a tendu la main à l'Italie.

Le 22, nous approchons de la ville : la *Victoire* ouvre la marche, le *Suffren* la suit, l'*Artémise* vient la dernière, et les trois navires mouillent, dans cet ordre, en rade d'Ancône : le môle se projette à notre gauche : la citadelle se dresse à notre droite : entre ces deux points, la ville s'étage en amphithéâtre : une frégate et un brik de guerre autrichiens sont amarrés en dedans du môle. Les formalités sanitaires sont remplies : la *Victoire* seule, récemment revenue d'Alger, est exclue de la libre pratique[1]. — Une embarcation se détache d'Ancône et accoste l'*Artémise*. Plusieurs personnes, parmi lesquelles

---

[1] Ainsi que le cardinal Bernetti le releva dans la protestation du 25 février, la *Victoire*, quoique en quarantaine, n'en prit pas moins part à la descente, circonstance qui aggravait singulièrement, il faut le reconnaître, la violation du droit des gens imputée aux Français par le gouvernement pontifical.

— 16 —

le capitaine de port et l'agent consulaire français, montent à bord. Le commandant les reçoit avec sa bonne grâce et son flegme habituels : « Nous allons en Morée porter des troupes ; nous avons ordre de toucher à Ancône, pour nous enquérir de la situation et faire passer des plis à notre ambassadeur à Rome : le temps de faire des vivres et de l'eau, et nous reprendrons notre route. » La question des saluts respectifs et des politesses d'usage est réglée : M. Gallois, en prenant congé de ses visiteurs, les invite tous à déjeuner pour le lendemain, ils le quittent parfaitement rassurés sur ses intentions et charmés de son accueil.

Ici, le caractère de notre commandant va se dessiner : sans avoir l'air d'y prendre garde, il a fait causer ses hôtes et il en a appris tout ce qu'il voulait savoir : la citadelle est occupée par 450 hommes de troupes régulières du pape, sous le commandement d'un ancien officier, qui a fait, dans les rangs français, les campagnes de l'empire : les postes de la ville sont la plupart gardés par la milice ou garde nationale : outre ses 400 hommes d'équipage, la frégate autrichienne a 200 soldats à bord.

Les instructions expresses du commandant lui prescrivent de ne rien faire que de concert avec les agents du gouvernement pontifical ; *à fortiori*, de ne débarquer aucune troupe que de leur formel consentement : c'est la matière de négociations qui dureront peut-être plusieurs semaines : mais les Autrichiens ont déjà un pied à Ancône et 12,000 hommes dans les Légations : ce corps peut arriver en quelques étapes et entrer dans la place, à notre barbe : ils auront fait, provoqués par nous-mêmes, un pas immense dans la voie où nous voulons les arrêter. L'opération échoue ridiculement, et la guerre, qu'on a voulu prévenir, est dès lors inévitable.

Gallois n'hésite pas : il mettra ses instructions dans sa poche, et, cette nuit même, il occupera Ancône[1].

Les ordres sont immédiatement donnés pour la descente, et accueillis par des hourras frénétiques. Les soldats, oubliant les angoisses du mal de mer, reprennent avec joie leurs armes : les marins destinés à former les compagnies de débarquement sont choisis. Les commandements sont distribués. Cette dernière opération donna lieu à une querelle éminemment française : un lieutenant de vaisseau, plus alerte que ses camarades, avait obtenu la faveur de commander le détachement des marins de l'*Artémise ;* un autre vit dans cette désignation un passe-droit : un duel fut résolu. Ainsi, le premier pouvait, après

[1] En reproduisant, sans y rien changer, ces souvenirs, dans ce qu'ils ont d'affirmatif quant à la nature et à la portée des instructions données à M. Gallois, nous nous réservons de revenir plus loin sur cette question intéressante, dont la solution est loin d'être aussi facile qu'elle le parut à cette époque.

avoir échappé aux balles de l'ennemi, payer encore de sa vie, par la main d'un camarade, l'honneur de les avoir affrontées. Un incident inattendu mit fin à cette triste, mais noble querelle : M. Gallois, mécontent d'une manœuvre, décida que l'équipage de l'*Artémise* ne prendrait point part au débarquement. C'était encore là une punition toute française.

Cependant, à l'approche de la nuit, la *Victoire* avait appareillé, et était venue fièrement mouiller, en dedans de la darse, sous le canon de la citadelle, et à portée de pistolet des Autrichiens, que sa batterie de babord enfilait dans toute leur longueur. Vers minuit, on bat la générale à bord de l'*Artémise* : branle-bas de combat ! Les soutes à poudre sont ouvertes ; les chaînes se forment pour la circulation des gargousses : tous les aménagements de luxe disparaissent, toutes les cloisons gênantes ou inutiles tombent : l'appartement même du commandant, ce sanctuaire infranchissable à l'équipage, est démantelé par le charpentier ; ses canons, si coquettement déguisés, pourront aussi se noircir de poudre : ce n'est plus qu'une portion de la batterie. La batterie ! qui rendra son aspect martial à la lueur des fanaux de combat ? Cette longue galerie de bois, d'une nudité si terrible : des canons et des hommes, rien de plus. Les servants, en chemise de laine bleue, ceinture rouge, le sabre d'abordage au côté, immobiles près de leurs pièces : un silence solennel, interrompu seulement par les pas mesurés des officiers ou la course d'un mousse porteur de munitions. — Sur le pont, la troupe se forme avec armes et bagages et descend, par escouades, dans les canots. Le débarquement sera dirigé par le lieutenant en pied de l'*Artémise*[1], type rare de bonhomie énergique, de bravoure sans apprêt et d'habileté modeste. Tous nos canots poussent à la fois, par une nuit sombre, et s'avancent, au bruit cadencé de leurs avirons, vers le *Suffren* dont ils rallient les embarcations chargées d'hommes. Puis la flottille, se déployant en bon ordre, gouverne sur la darse, en franchit l'entrée et, encore grossie des canots de la *Victoire*, passe sous le beaupré des Autrichiens. En ce moment, qu'une amorce brûle, et plusieurs centaines de canons vont tonner à la fois : mais rien ne bouge à bord des Autrichiens, pas un homme ne s'y montre : seulement, leurs sabords, éclairés par les fanaux de combat, flamboient dans la nuit comme des yeux énormes braqués sur la flottille. — On accoste au quai, où un premier obstacle se présente. La ville est séparée du port par une muraille : les sapeurs du 66ᵉ sautent à terre et enfoncent, à coups de hache, la porte *dei Macelli :* on pénètre dans la ville, tous les postes sont successivement surpris, désarmés ; rien ne résiste. Le colonel Lazzarini, commandant

___

[1] M. Charner, aujourd'hui vice-amiral.

de la citadelle, est arrêté lui-même, en ville, au saut du lit, par le colonel Combes en personne, et il est constitué prisonnier, sur son refus d'ordonner la reddition de la place. Ancône est ainsi occupée, sans coup férir, et l'indolente cité ne s'éveille même pas pour jeter un regard sur ses nouveaux maîtres.

Mon poste me retenant à bord de l'*Artémise*, j'avais assisté, avec un intérêt profond, à ces préparatifs guerriers, nouveaux pour moi. J'essayais, à l'aide d'une lunette de nuit, de suivre la marche de la flottille, qui s'enfonçait dans les ténèbres, et je songeais, non sans amertume, aux amis qu'emportaient ces frêles canots, et qui pouvaient être foudroyés, avant d'être soutenus par notre artillerie.

— Quand j'allai me jeter sur mon cadre, à une heure avancée de la nuit, j'étais loin encore de croire à un dénoûment aussi pacifique. Grande fut donc ma surprise, le lendemain matin, en apprenant les événements de la nuit : à huit heures, je descendais à terre avec le chirurgien-major de la frégate et un officier de marine, le même qui avait dû commander le détachement de l'*Artémise*. La ville s'éveillait à peine et se demandait, sans grande émotion, comment et par qui elle se retrouvait conquise. Des officiers papalins, en brillants uniformes, mais sans armes, se rangeaient contre les murs, sur notre passage, et nous faisaient humblement le salut militaire ; nous parvînmes ainsi, en vainqueurs, à la grande place où se tenait un marché que les paysans des environs étaient venus approvisionner, comme de coutume, et qu'ils animaient par leurs costumes pittoresques et par leurs transactions bruyantes. Toutes les boutiques étaient ouvertes. Sur la place, le 66ᵉ et les marins avaient formé les faisceaux et se préparaient, en déjeunant, à l'attaque de la citadelle. On voit que nous arrivions à propos pour assister au dernier acte ; mais, trouvant ridicule de recevoir des coups de fusil, sans en rendre, nous retournâmes sur nos pas pour nous armer. — Une barquette du pays nous conduisit à bord de la *Victoire*, mouillée, comme on le sait, dans la darse ; et l'on nous y distribua des mousquetons et des cartouchières garnies. Mais ce n'était pas assez pour notre belliqueux docteur : s'il consentait à blesser d'une main, il prétendait guérir de l'autre : grâce à son confrère de la *Victoire*, il entasse, dans une vieille carnassière, du linge et tout un arsenal de chirurgie. C'est dans cet équipage burlesque que nous repartons pour donner l'assaut à la citadelle.

Nous arrivons sur la place au moment où la colonne s'ébranle : nous nous mettons, comme volontaires, à la disposition du colonel Combes, et, marchant avec les porteurs de la première échelle d'escalade, nous commençons à gravir les rues escarpées et tortueuses qui mènent à la citadelle. Parvenus à un coude qui en est très rapproché, nous nous arrêtons, pour nous reformer, à l'abri d'un mur de jardin. — On sait que les matelots, si disciplinés à bord, ne sont pas toujours des soldats fort réguliers à terre ; parmi ceux qui avaient été débarqués, la plupart avaient employé, d'une façon peu exemplaire, le reste de la nuit ; débraillés, déchirés, vociférant, brandissant leurs mousquetons et leurs sabres d'abordage, ils côtoyaient la colonne d'un pas aviné, et y jetaient un désordre pittoresque. Dans cette halte, je vois encore un de leurs tambours, prenant pour le rempart de la citadelle ce pauvre mur qui nous couvrait, y appliquer une échelle et monter à l'assaut en battant la charge.

Cependant, l'instant décisif est venu : les ivrognes sont refoulés à l'arrière-garde ; la colonne reformée, les échelles en tête, se précipite en avant, par une rue étroite, pour déboucher sur une esplanade, devant une des portes de la citadelle ; — au-dessus de la porte, deux pièces qui enfilent la rue dans toute sa longueur : près des pièces, les canonniers, la mèche allumée : que les lances à feu s'abaissent, et la rue est balayée. Mais, en Italie, la *furia francese* n'a pas encore perdu son prestige ; tandis que nous marchons au devant de la mitraille, un drapeau blanc s'élève sur la citadelle : de notre côté, vite, un drapeau parlementaire ! Mais où le prendre ? personne n'a prévu un si prompt dénoûment ; ici reparaît le sac du docteur : on en tire un morceau de linge à charpie d'une dimension convenable ; le lieutenant de vaisseau Penaud [1] met ce haillon au bout de son sabre, et la négociation est ouverte. — Son premier résultat fut un armistice de deux heures, pendant lesquelles chacun devait conserver ses positions ; condition fort mal observée, je l'avoue, par les volontaires. Sous l'influence du désœuvrement et de la curiosité, nous faisions insensiblement, et presque à notre insu, le tour de la place. Les factionnaires nous lançaient des lazzis et poussaient parfois la plaisanterie jusqu'à nous ajuster ; mais nous avions trop récemment éprouvé l'innocence de leurs canons, pour prendre leurs fusils au sérieux. Il nous arriva de rencontrer tel bastion complétement solitaire et que nous pouvions enlever sans coup férir, s'il ne nous était resté quelques scrupules sur l'armistice. L'issue de cette mémorable suspension d'armes vint couper court à toute tentation sur ce point : une capitulation digne d'une aussi belle défense était arrêtée entre le colonel Combes et les assiégés ; cent soldats du pape devaient continuer d'occuper la citadelle, conjointement avec pareil nombre de Français. Le surplus des troupes pontificales pouvait se retirer sur Rome, avec armes et bagages ; ceux qui restaient devaient en faire autant, si les Autrichiens marchaient sur Ancône ; le tout sous la

---

[1] Aujourd'hui contre-amiral.

réserve qu'une fois sorties de la forteresse, ces troupes ne pourraient prendre les armes en faveur des Autrichiens, ou de quelque autre nation que ce fût, contre l'armée française ; enfin, il était stipulé que le drapeau du pape resterait arboré à côté du drapeau français, et à la même hauteur.

Soit par courtoisie pour le colonel Combes, et afin de lui laisser, sans partage, la direction du coup de main, soit qu'il en eût prévu le dénoûment, M. Gallois, quoique commandant supérieur de l'expédition, n'était pas encore descendu de sa frégate. Il refusa de signer la capitulation qu'un aide de camp du ministre des affaires étrangères, M. Bertin de Vaux, venu à Ancône par la voie de terre, paraissait avoir dictée. Pourtant, il n'y avait peut-être rien d'excessif dans les ménagements observés à l'égard d'un gouvernement que l'on protégeait, à son corps défendant, et de la manière que l'on sait, en enfonçant ses portes, désarmant ses troupes et faisant ses officiers prisonniers de guerre.

Revenus à bord, nous devisions gaîment à table, et les vainqueurs ne s'épargnaient pas eux-mêmes en riant des vaincus, quand on nous remit une missive par laquelle les officiers de l'illustre (inclita) flotte française étaient humblement priés de favoriser de leur présence la fête du Casino, le soir même. Car nous tombions en plein carnaval, et l'on voit que notre début s'en était déjà ressenti. Cette invitation donna un nouveau cours aux idées, et l'on songea qu'il restait à conquérir la plus belle moitié de la population d'Ancône.

A huit heures, nous entrions à l'Opéra. La salle est belle, et, dans le reste de l'Europe, un pareil théâtre ne messiérait pas à une capitale : mais le théâtre est devenu le Forum de ce peuple. La salle était éclairée à *giorno* par des girandoles placées dans l'intervalle des loges. Le premier rang était garni par les femmes de la société, en grande toilette ; sur la scène, le ténor Pantaléoni, coiffé d'un casque fantastique et brandissant un drapeau tricolore, venait d'entonner un chant patriotique, intercalé dans l'opéra pour la circonstance [1]. Notre arrivée, en ce moment, devait porter l'enthousiasme à ses dernières limites, et je ne sais comment la salle ne s'écroula pas sous les cris furieux de : *Viva gli Francesi !* Dans les loges, les femmes, debout, déployant leurs tailles élégantes avec des airs de tête pleins de fierté et de grâce, nous saluaient en agitant leurs mouchoirs, et nous jetaient leurs bouquets en souriant ; dans la salle, on

---

[1] Le cardinal Bernetti, dans sa seconde protestation adressée à M. de Sainte-Aulaire, le 6 mars 1832, articulait, entre autres griefs, qu'un air patriotique aurait été intercalé dans l'opéra sur les instances des officiers français. On voit que cette imputation était tout à fait gratuite, et qu'on avait prévenu une demande qu'ils n'auraient d'ailleurs pas songé à faire.

nous pressait les mains, on nous sautait au cou. *I popoli son'tutti contenti!* Ce refrain était répété sur tous les tons. Un peu meurtris par les étreintes d'une tendresse si expansive, et commençant à trouver un peu lourd le poids de notre gloire, nous allâmes nous réfugier au Casino, où, à l'ovation qui nous poursuivait, devaient se mêler des émotions d'une autre nature et dont nous étions plus avides.

Après avoir traversé plusieurs salles de conversation splendidement décorées, nous parvînmes à une galerie séparée seulement, par de hautes arcades, d'une vaste salle de danse. Un nombreux orchestre, placé dans une galerie supérieure, versait des flots d'harmonie sur cette foule agitée et ardente. A cette époque, en France, les plaisirs piquants et délicats du masque n'étaient plus qu'un souvenir lointain, et rien n'était plus lugubre que les bals de l'Opéra, qu'on n'avait pas encore essayé de galvaniser par la licence. Ici, c'était autre chose : nous étions en Italie, dans l'Adriatique, non loin de Venise. La tradition, le génie facile de la langue, la familiarité qui s'est établie entre toutes les conditions, en dépit des castes, la gaîté, la passion générale, enfin l'absence de pruderie comme de coquetterie, chez les femmes, tout, dans ce pays, est favorable au masque. Aussi, quel *brio*, quel entrain, quelle folie! Comme les mots piquants, les rires joyeux, les œillades provocantes se croisent, sans relâche, enivrent et électrisent tous ces groupes mobiles et bourdonnants! Notre entrée fit d'abord diversion à cet universel délire, en réveillant les passions politiques. Comme au théâtre, nous fûmes entourés, acclamés, fêtés : mais ici, c'étaient les femmes dont l'empressement était le plus vif. Nous en vîmes, et des plus nobles et des plus belles, saisir nos chapeaux et baiser ardemment nos cocardes tricolores. La danse vint suspendre ces démonstrations caractéristiques, dont la fougue ne manquait pas de grâce. Les valses et les montferrines, passant de la salle dans la galerie, avaient un vaste espace à parcourir. On ne connaît guère, en France, la montferrine, dont l'air est à la fois si nonchalant et si gai, le balancement si gracieux et si doux. — La valse, diaprée de brillants uniformes, de frais dominos et d'éclatants costumes de caractère, serpentait, infatigable, à travers les salons, sans que jamais aucun anneau se détachât de la chaîne. Quand un couple voulait prendre quelque repos, il ne s'arrêtait pas ; seulement, au lieu de valser, il marchait, à son rang, jusqu'à ce qu'il lui plût de valser encore : habitude aussi favorable à l'intimité qu'à l'aspect général de la fête.

Une telle nuit, après une longue réclusion à bord, dans une monotonie claustrale, sans autre perspective que des visages barbus : ce tourbillon d'incidents guerriers, gracieux ou bouffons ; cet accueil si plein d'imprévu, de piquant et de promesses ; même ce qu'il y

*

avait dans notre position d'aventureux, d'improvisé, de violent, de précaire ; le voisinage immédiat des Autrichiens qui, le lendemain, pouvaient, à leur tour, venir frapper aux portes d'Ancône, il n'en fallait pas tant pour monter de jeunes têtes. Et qui serait demeuré froid en touchant cette terre sympathique, où la passion colore si étrangement toute chose, où, en dépit de la discorde et de la guerre, le plaisir ne perd jamais ses droits, où la ville dont on a, le matin, enfoncé les portes, vous donne, le soir, un bal masqué ?

III

Les événements qui suivirent répondirent peu aux émotions si vives et si diverses de cette première journée. Les troupes autrichiennes qui occupaient les Légations ne firent aucun mouvement agressif. Les bâtiments de guerre de cette nation qui étaient amarrés dans la darse à notre arrivée y restèrent pendant quatre jours, en branle-bas de combat. Tous les soirs, leurs batteries éclairées témoignaient de leurs inquiétudes. Sans doute, ils attendaient des ordres. Puis ils appareillèrent pour Venise. La division française les remplaça en dedans de la darse, et s'amarra le long du môle que couronne l'arc de triomphe naval élevé à Trajan.

Dès le 25 février, le cardinal Bernetti, secrétaire d'Etat de Sa Sainteté, par une note adressée au comte de Sainte-Aulaire, ambassadeur de France à Rome, protestait, en termes véhéments, contre l'occupation d'Ancône. Dans cette note, où les faits étaient reproduits avec détail, le Saint-Père, tout en témoignant qu'il avait trop de confiance dans la loyauté du roi des Français pour penser que de pareils faits ne fussent pas contraires à ses ordres, se plaignait de la violation du territoire pontifical, à main armée et en pleine paix, et de l'occupation, *par ruse et par violence*, d'un pays ami, rendait qui de droit responsable des conséquences qui pouvaient résulter pour l'Italie de la violation des lois sanitaires, et demandait une réparation et l'évacuation immédiate du territoire pontifical.

Le 6 mars, une nouvelle note était remise à l'ambassadeur de France, pour se plaindre de l'attitude que les Français auraient prise à Ancône depuis leur débarquement et de la faveur avec laquelle ils auraient traité les factieux. Il y était articulé, entre autres griefs, que l'on n'aurait pas permis aux troupes pontificales d'emporter leurs effets, lorsqu'elles avaient évacué cette place. Si l'on en devait croire la *Gazette d'Augsbourg*, dont on connaît les sympathies, le Saint-Père, dans ces premiers moments, aurait poussé l'expression de son légitime mécontentement jusqu'à menacer d'interdit la personne du roi et le royaume.

Le *Moniteur* du 4 mars, en annonçant le débarquement des Français à Ancône, ajoutait que « la marche extrêmement rapide de la flotte (*sic*) qui les portait n'avait pas permis que le général de Cubières, qui devait se rendre à Ancône en passant par Rome, eût pu arriver assez tôt pour prendre le commandement de l'expédition, et présider lui-même à l'accomplissement des instructions qu'il avait reçues du gouvernement du roi. » Le général de Cubières arriva à Rome le jour même où la nouvelle des événements accomplis à Ancône parvenait dans la capitale du monde chrétien. Les journaux annoncèrent, sans être démentis, qu'il demanda une audience au Saint-Père, et qu'elle lui fut refusée. Il se rendit immédiatement à Ancône, où il fut suivi de près par son état-major et par le capitaine de vaisseau baron de la Susse, envoyé pour prendre le commandement de la division navale, en remplacement de M. Gallois.

Le colonel Combes était rappelé en même temps que le commandant des forces navales, et si le désaveu implicite qui résultait de ce double rappel ne paraît pas avoir été rendu public, il n'est pas douteux qu'il fut exprimé par la voie diplomatique. Ceux que ce désaveu atteignait n'en parurent d'ailleurs ni très surpris ni très émus, et l'accueil qu'ils reçurent du gouvernement, à leur rentrée en France, ne ressembla nullement à une disgrâce, car ils furent pourvus sur-le-champ l'un et l'autre d'emplois plus importants. Ils furent envoyés en Algérie pour y prendre le commandement, l'un de la marine, l'autre de la légion étrangère. M. Gallois fut bientôt promu au grade de contre-amiral, et quant au colonel Combes, que semblaient attendre de hautes destinées, on sait quelle mort héroïque l'arrêta à l'assaut de Constantine. En traitant avec bienveillance les chefs désavoués de l'expédition, le gouvernement répondait au vœu que le colonel Larabit, membre de l'opposition, avait exprimé en ces termes, à la chambre des députés, le 7 mars : « J'ignore la nature des ordres qui avaient été donnés au chef de notre petite escadre et au commandant des troupes de débarquement ; je ne connais les circonstances singulières de cet événement que par les récits des journaux, mais j'espère qu'on ne fera pas un reproche à deux braves officiers de la résolution avec laquelle ils sont entrés dans Ancône. Ils ont sauvé l'honneur de notre drapeau, qui eût peut-être été compromis si les portes leur avaient été refusées : mais si le ministère a voulu protéger en Italie l'oppression, il doit déjà voir que nos soldats et nos marins ne sont pas faits pour un rôle indigne de la France, et que les instruments qu'il emploie pour un système de juste-milieu pourraient bien blesser la main qui ne les connaît pas. »

En présence de déclarations peu concordantes avec les faits, il nous paraît encore difficile de déterminer exactement la part qui fut laissée à l'inspiration du commandant en chef, dans le fait si grave de l'occupation d'Ancône à main armée. La question nous a paru du reste assez intéressante pour qu'il nous fût permis de reproduire, malgré son caractère intime, une lettre écrite en 1850, dix-huit ans après les événements, par M. le comte de Sainte-Aulaire, qui nous avait fait l'honneur de lire nos notes sur l'expédition d'Ancône. On verra par cette lettre, dont nous n'avons retranché qu'un mot trop indulgent, quels doutes l'ancien ambassadeur à Rome conservait sur cette question :

« Je vous remercie sincèrement de votre bonté, mon cher voisin, vous m'avez fait un vrai plaisir en me permettant la lecture d'un écrit.... plein d'intérêt et qui m'instruit de plusieurs détails dont la connaissance m'est très utile. Vous confirmez le jugement que je portais sur l'esprit général de nos marins et soldats. Ils se croyaient l'avant-garde d'une expédition contre l'Autriche. Cela explique et justifie leur conduite, ou au moins cela l'ennoblit; la question personnelle, quant au commandant Gallois, me la sse très perplexe. Il m'écrivait le 24 février, à bord de l'*Artémise* : « Seul dépositaire du » secret de l'expédition, les autorités locales de la marine n'ayant pas » même craint de me faire connaître une partie de la pensée du mi- » nistère. » De son côté, l'amiral de Rigny m'écrivait, le 5 mars : « En » pays de chrétienté, il est bien certain que les Sarrazins n'auraient pas » fait pis que M. Gallois. » Après cela, écrivez l'histoire et faites de la diplomatie. Il y a bien souvent à se demander, comme Figaro, « qui donc attrape-t-on ici? »

» De tout cela, nous reparlerons quelquefois, mon cher voisin, etc.

SAINTE-AULAIRE. »

Si, en présence de doutes exprimés avec une telle autorité, et après avoir reproduit les principaux éléments de la question, il nous était permis d'émettre un avis, nous ne voudrions pas supposer que des instructions, même verbales ou secrètes, aient autorisé l'invasion d'Ancône à main armée, en pleine paix ; mais il nous paraît difficile d'admettre qu'en plaçant à la tête de l'expédition deux des hommes les plus résolus et les plus aventureux de l'époque, Casimir Périer n'eût pas tenu compte de ce caractère connu, et n'en eût pas prévu les conséquences dans la situation donnée.

Quoi qu'il en soit de ce point d'histoire, et quels que fussent les moyens par lesquels le résultat était obtenu, le fait de l'occupation étant acquis, on rentrait nécessairement dans la voie diplomatique, et le gouvernement français ne négligea rien pour convaincre le souverain-pontife de la loyauté de ses intentions, et lui donner toutes les satisfactions qui étaient compatibles avec la dignité et les intérêts de la France en Italie.

Mais, bien que le général de Cubières, dans la proclamation toute pacifique qu'il publia à son arrivée à Ancône, présentât la mission dont il était chargé comme devant resserrer les liens qui unissaient depuis longtemps la France et les Etats de l'Eglise, malgré son empressement à effacer toutes les traces de la violence qui avait marqué le début de l'occupation, et à désavouer la pensée de la capitulation qui avait été imposée aux troupes pontificales, elles avaient reçu de Rome, ainsi que les autorités, l'ordre de quitter la ville, après avoir enlevé les drapeaux, insignes et armoiries du saint-siége, et le gouvernement de la province était transféré à Osimo. D'un autre côté, la gabare le *Rhône* apportait, le 6 mars, à Ancône, cinq cents hommes du 66ᵉ, et une batterie d'artillerie de six pièces. Le général français passait un marché de fournitur s qui prévoyait le cas d'une occupation des environs d'Ancône dans un rayon de six lieues. En réalité, l'occupation ne sortit du domaine des faits de guerre et ne perdit son caractère violent et précaire que le 16 avril, date de la convention à laquelle aboutirent les laborieuses négociations suivies à Rome par notre ambassadeur, et aux termes de laquelle Sa Sainteté consentait à autoriser la présence des troupes françaises à Ancône. Nous reproduisons ici les clauses de cet acte, telles qu'elles furent données, sans contestation, par les journaux de l'époque :

« 1° Les quatre cent cinquante hommes arrivés à Ancône sur la gabare le *Rhône* seront immédiatement embarqués pour la France ; 2° les troupes débarquées le 23 février restent, pendant la durée de leur séjour, soumises à l'ambassadeur français, qui doit être autorisé par son gouvernement à donner immédiatement des ordres aux commandants de ces troupes ; 3° ni ces troupes ni l'escadre ne pourront, sous aucun prétexte, recevoir des renforts. Il ne sera pas permis aux troupes françaises, pendant leur présence à Ancône, d'entreprendre des travaux de fortifications. Ceux auxquels elles sont occupées en ce moment cesseront et ne seront pas repris ; 4° aussitôt que le gouvernement papal n'aura plus besoin des secours qu'il a demandés aux troupes impériales, le Saint-Père priera Sa Majesté impériale apostolique de les retirer. En même temps, les troupes françaises évacueront Ancône par eau ; 5° le pavillon papal flottera seul à l'avenir sur la citadelle d'Ancône ; 6° les troupes françaises ne pourront sortir de l'enceinte des murs d'Ancône. En conséquence, l'article 11 du contrat conclu, le 7 mars, entre le général Cubières et le fournisseur Constantini, est sans but et annulé ; 7° les commandants des troupes françaises à Ancône n'empêcheront ni n'arrêteront l'action du gouvernement papal et surtout celle de la police; 8° tous les frais de l'expédition, toutes les dépenses des troupes françaises à Ancône restent à la charge de la France ; 9° il y aura auprès des commandants des troupes françaises à Ancône un agent politique pourvu de pleins pouvoirs par M. l'ambassadeur de France pour veiller à la stricte exécution des articles précédents. »

Cette convention, qui changeait d'une manière si complète la situation des Français à l'égard du gouvernement pontifical, devait nécessairement aussi modifier la nature de leurs relations avec les habitants et, sous ce rapport comme au point de vue militaire, il fallut beaucoup rabattre de ce que le début avait semblé promettre. Pendant les quinze premiers jours qui suivirent le débarquement et précédèrent le carême, l'empressement qui avait accueilli les nouveaux venus ne parut pas se refroidir, et tous les soirs l'Opéra et les bals publics du Casino facilitaient des rapprochements pleins de charme et, il semblait aussi, pleins d'avenir. Mais le joyeux carnaval avait fui, marqué au front par les cendres de la pénitence, qui, dans les Etats de l'Eglise, a un caractère en quelque sorte officiel et une sanction légale, étant affaire de police ; le carême avait fermé les lieux publics de réunion et fournissait aux habitants un prétexte suffisant pour clore également leur porte. Si elle resta encore ouverte à quelques Français, c'est qu'un billet de logement les avait établis dans la place, et cette ressource était interdite aux marins. Les rapports des habitants avec les Français étaient donc déjà beaucoup plus réservés avant que la convention du 16 avril ne fût connue, et le temps était loin où les plus belles et les plus fières baisaient ardemment nos cocardes, en plein bal. Il faut reconnaître que les clauses de cette convention n'étaient pas de nature à rallumer cet enthousiasme absurde et charmant; et du moment qu'il était clair pour tout le monde qu'il ne s'agissait pas d'une révolution, mais d'une simple occupation militaire au nom et pour le compte du pape, et dont le terme était expressément prévu, il était permis aux habitants de songer au lendemain et de réprimer des sympathies dont on aurait pu un jour leur demander un compte sévère.

Malgré les difficultés et les désenchantements de cette position, l'existence des Français ne fut jamais sans intérêt ni sans charme dans ce pays où le ciel et la terre sont si beaux, au milieu de tant et de si puissants souvenirs, sous l'influence de ces mœurs à la fois si passionnées et si faciles ; car les Français acceptent et goûtent bien vite les habitudes italiennes, cette aisance, cette familiarité des relations, ces jours passés dans l'ombre et le repos, ces nuits sereines qui appartiennent aux longues causeries, aux plaisirs intimes, ces théâtres splendides où chaque femme tient son salon, où l'on se sent chez soi, où l'attention n'est jamais imposée ni soutenue jusqu'à la fatigue.

L'occupation d'Ancône cessa le 25 octobre 1839, en même temps que les Autrichiens évacuaient les Légations, tout en demeurant à Ferrare et à Comacchio. Il était dès lors aisé de prévoir au profit de qui, dans l'avenir, la France se retirait, et il était permis aux moins clairvoyants de regretter la facilité avec laquelle on abandonnait un gage aussi précieux pour le repos de l'Italie et la paix de l'Europe. On sait à la suite de quels événements l'Autriche est rentrée dans cette place qu'elle occupe encore, et où, moins réservée que nous, elle ne s'est pas fait faute de se fortifier.

Mais, même après ces événements, plus rapprochés de nous et plus considérables, dans lesquels la France s'est montrée fidèle à ses plus hautes et plus anciennes traditions, même aujourd'hui qu'elle occupe la capitale du monde chrétien, si vaillamment reconquise par ses armes, au pouvoir du souverain pontife ; même à la veille de la grande lutte qui va encore une fois ébranler le sol de l'Italie, nous n'avons pas cru qu'il fût sans intérêt de rappeler comment, en 1832, quinze cents Français, jetés sur la côte de l'Adriatique, ont pu occuper, à main armée, Ancône, en présence des armées autrichiennes, et ont suffi pour les y tenir militairement et politiquement en échec, jusqu'au jour d'une évacuation respective et concertée.

Paris. Imp. de Dubuisson et Cⁱᵉ, rue Coq-Héron, 5.